"Prosiłeś o wzrost, prosiłeś o pomyślność, prosiłeś o sukces....
Nie bądź zaskoczony, gdy życie wystawi cię na próbę. Sukces przychodzi poprzez naleganie, wytrwałość, stawianie oporu i nigdy się nie poddawanie."

Głód Sukcesu

© 2024 **Nelo**™ **Media** | Oddział **Nelo**™ **Group** zarejestrowany jako **Nelo LLC**
Stworzony przez **Nelo**™

Głód Sukcesu
Praktyczny Przewodnik po Sukcesie w Biznesie i Życiu

Copyright © 2023 **Nelo**

Wszelkie prawa zastrzeżone.

Opublikowany w Stanach Zjednoczonych przez **Nelo™ Media**, oddział **Nelo™ Group** zarejestrowany jako **Nelo LLC**.

www.nelo.media
www.nelo.group

Żadna część niniejszej publikacji nie może być powielana, przechowywana lub wprowadzana do systemu wyszukiwania lub przekazywana w jakiejkolwiek formie lub w jakikolwiek sposób (elektroniczny, mechaniczny, fotokopiowanie, nagrywanie lub w inny sposób) bez zgody wydawcy.

Książki **Nelo™ Media** można nabyć do celów edukacyjnych, biznesowych lub promocji sprzedaży.
Aby uzyskać więcej informacji na temat sprzedaży lub licencji komercyjnych, prosimy o kontakt pod adresem e-mail: **media@nelo.group**

Tytuł oryginalny: *Hunger of Success*

Dane katalogowe publikacji zostały zamówione w Bibliotece Kongresu.

Paperback ISBN 9798340475886

WYDRUKOWANO W STANACH ZJEDNOCZONYCH AMERYKI

Projekt książki: Nelo
Projekt okładki: Nelo
Grafika autorstwa Nelo
Ilustracje autorstwa Nelo

PIERWSZA EDYCJA sierpień 2024 r

Drogi Czytelniku,

Stworzenie tego dzieła literackiego jest całkowicie oryginalne i niepublikowane przez autora. Aby udostępnić je globalnej publiczności, wykorzystaliśmy eksperymentalne technologie, takie jak sztuczna inteligencja, aby przetłumaczyć tekst na ponad 55 języków.

Dzięki tym narzędziom technologicznym udało nam się pokonać bariery językowe i geograficzne, pozwalając czytelnikom różnych narodowości i środowisk kulturowych cieszyć się tym dziełem w ich ojczystym języku.

Chociaż narzędzia te pozwalają nam dotrzeć do szerszego grona czytelników na całym świecie, istnieje również możliwość, że niektóre błędy ortograficzne lub gramatyczne mogły zostać przeoczone. Jesteśmy zobowiązani do ciągłego ulepszania naszych tłumaczeń, a Twoja opinia jest dla nas niezbędna.

Jeśli znalazłeś jakieś błędy lub masz uwagi do tekstu, będziemy bardzo wdzięczni za podzielenie się nimi z nami. Twoje uwagi są nieocenione w podnoszeniu jakości naszych publikacji. Prosimy o przesyłanie komentarzy na następujący adres e-mail:
media@nelo.group

Dziękujemy za zrozumienie i wsparcie. Mamy nadzieję, że spodoba ci się to wyjątkowe dzieło.

DEDYKACJA

Do moich córek,
Samantha Valentina i **Maria Valentina**
Kocham ich całym sercem.

Dla mnie,
Mama
Którzy nigdy się nie poddali i nigdy nie przestali we mnie wierzyć.

SPIS TREŚCI

Podziękowania i

01 Wprowadzenie 17

02 Historia stojąca za sukcesem 21

03 Rozwijanie przedsiębiorczego sposobu myślenia 29

04 Samoświadomość i samodyscyplina 37

05 Znaczenie planowania i strategii 43

06 Kreatywność i innowacyjność 51

07 Finanse dla przedsiębiorców 57

08 Zarządzanie zasobami ludzkimi 63

09 Skuteczna komunikacja dla przedsiębiorców 69

10 Technologia i transformacja cyfrowa 77

11 Znaczenie etyki w biznesie 85

12 Pokonywanie przeszkód i niepowodzeń 93

13 Wskazówki i zalecenia 103

14 Sprzedaż 111

Wnioski 125

O autorze 131

PODZIĘKOWANIA

Wszystkim ludziom, którzy w taki czy inny sposób towarzyszyli mi, uczyli mnie, kierowali mną, poprawiali mnie i wydobywali ze mnie to, co najlepsze, aby każdego dnia być lepszym w tej przygodzie zwanej przedsiębiorczością.

Wszystkim... ¡Bardzo dziękuję!

"Gdybyś nie był w stanie tego zrobić, okazja nigdy nie stanęłaby ci na drodze."

01.
WPROWADZENIE

Witamy na stronie "Głód Sukcesu: Praktyczny Przewodnik po Sukcesie w Biznesie i Życiu" (Hunger of Success: A Practical Guide to Success in Business and in Life) Jestem Nelo i cieszę się, że mogę podzielić się z wami moją historią i lekcjami, których nauczyłem się na mojej drodze do sukcesu.

Moje życie nie zawsze było łatwe. W rzeczywistości od najmłodszych lat stawiałem czoła wielu wyzwaniom i przeciwnościom losu. Nauczyłem się walczyć o to, czego chciałem i pokonywać przeszkody, które pojawiały się na mojej drodze.

Doskonale pamiętam moment, w którym postanowiłem zostać przedsiębiorcą i założyć własną firmę. Było to moje marzenie od dłuższego czasu, ale wiedziałem, że nie będzie to łatwe. Musiałem ciężko pracować i podejmować ryzyko, nawet gdy inni mówili mi, że to szaleństwo. Ale nigdy się nie poddałem.

Na mojej drodze do sukcesu nauczyłem się wielu cennych lekcji. Potrzeba pozytywnego i proaktywnego nastawienia, identyfikowania możliwości biznesowych i przezwyciężania strachu przed porażką. Znaczenie planowania i strategii, kreatywności i innowacji, zarządzania finansami i zasobami ludzkimi, skutecznej komunikacji i etyki biznesowej.

Ale być może najistotniejszą rzeczą, którą zinternalizowałem, jest to, że przeszkody i przeciwności losu są okazją do rozwoju i poprawy. Za każdym razem, gdy stawałem przed wyzwaniem, rozumiałem coś nowego o sobie i o tym, jak skutecznie radzić sobie z problemami.

W tej książce podzielę się swoją historią i lekcjami, których nauczyłem się na drodze do sukcesu. Mam nadzieję, że ten praktyczny przewodnik będzie źródłem inspiracji i motywacji dla wszystkich, którzy chcą osiągnąć swoje własne cele.

"Na drodze do wielkości nie ma skrótów, są tylko wytrwałość i determinacja."

02.
HISTORIA STOJĄCA ZA SUKCESEM

Moja droga do sukcesu nie była łatwa. Stanąłem w obliczu szeregu wyzwań i przeszkód, które uniemożliwiły mi pójście naprzód, takich jak życie na ulicy, śmierć mojej narzeczonej, śmierć mojego syna, a wszystko to w ciągu ośmiu miesięcy. W tym momencie byłem na skraju poddania się, ale wtedy zdałem sobie sprawę, że jeśli chcę osiągnąć swoje marzenie, będę musiał pokonać wszystkie te niepowodzenia.

Zrozumiałem, że sukces nie przychodzi z dnia na dzień. Na mojej drodze do sukcesu napotkałem szereg porażek i niepowodzeń, które zmusiły mnie do ponownej oceny mojego podejścia i znalezienia nowych sposobów radzenia sobie z problemami. Ale za każdym razem, gdy upadałem, wstawałem silniejszy i bardziej zdeterminowany niż wcześniej.

W tym rozdziale chcę podzielić się z wami lekcjami, których nauczyłem się na mojej drodze do sukcesu. Zrozumiałem, że wytrwałość, upór i cierpliwość będą kluczem do pokonania przeszkód i osiągnięcia Sukcesu. Ponadto, najważniejsze jest, aby mieć jasną wizję tego, co chcesz osiągnąć i pracować wytrwale i z zaangażowaniem, aby osiągnąć te cele.

Ale być może najważniejszą rzeczą, jakiej się nauczyłem, jest to, że sukces to nie tylko osiąganie celów, ale także cieszenie się podróżą do nich. Docenianie każdego małego osiągnięcia i świętowanie każdego kroku naprzód. Zrozumiałem, że sukces to nie tylko cel do osiągnięcia, ale także droga do przebycia.

Podzielę się swoją historią i lekcjami, które przyswoiłem na drodze do sukcesu. Mam nadzieję, że moja historia zainspiruje Cię i zmotywuje. A moje doświadczenia to pokażą:

Bez względu na to, jaka jest twoja obecna sytuacja, musisz po prostu wstać i zacząć działać. Stawić czoła przeszkodom i pokonać je, aby osiągnąć swoje cele.

Urodziłem się w Kolumbii, w mieście o nazwie Yarumal, tradycyjnym mieście Antioquian w pobliżu miasta Medellín, ale większość mojego dorastania spędziłem w innym mieście o nazwie Valdivia, w regionie Bajo Cauca w Antioquia.

Najnowsza historia mojego kraju była naznaczona przemocą, a ten region to praktycznie stary zachód:
partyzantka, paramilitaryzm, handel narkotykami, wojna.

Tak więc w okresie dorastania najczęściej zadawałem sobie pytanie, które wciąż powtarzało się w mojej głowie:

¿Co stanie się z moim życiem?
¿Czy to partyzanci, czy paramilitarni?

I tak było do czasu, gdy dom kupił telewizor, mój pierwszy kontakt z technologią.

Miałem jakieś siedem czy osiem lat i pamiętam pierwszy film, który obejrzałem:

Wall Street
Z 1987 roku z Michael Douglas i Charlie Sheen.

Od momentu, gdy zobaczyłem ten film, moja głowa eksplodowała. Ponieważ był to dla mnie nowy i zupełnie nieznany świat. I od tego momentu powiedziałem:

¡Chcę nim być!
Makler giełdowy

Chcę mówić w ten sposób, ubierać się w ten sposób, mieć takie biuro, odnosić się do ludzi w ten sposób i prowadzić taki styl życia.

Tak więc od bardzo młodego wieku, jako samouk i empiryk, zacząłem czytać wiele książek finansowych, ekonomicznych, giełdowych, matematycznych, aby przygotować się do zostania maklerem giełdowym.

Z zawodu jestem analitykiem finansowym i ekonomistą empirycznym. Nie miałem możliwości zdobycia wyższego wykształcenia z powodu braku środków finansowych. Ale to nie była przeszkoda, postrzegałem to bardziej jako szansę i wyzwanie, aby móc wymagać od siebie, aby osiągnąć swoje marzenia za wszelką cenę.

Moja historia to historia wytrwałości i determinacji. Kiedy zdecydowałem się zostać przedsiębiorcą i założyć własną firmę, wielu mówiło mi, że ryzykuję wszystko i że to szaleństwo. Pomimo przeciwności losu miałem jasną wizję i byłem gotów ciężko pracować, aby ją urzeczywistnić.

W moim życiu stawiałem czoła różnym wyzwaniom, takim jak te wspomniane powyżej, które sprawiały, że czułem się przytłoczony i czasami nie wiedziałem, jak iść naprzód, ale pamiętałem o mojej wizji i powodzie, dla którego walczyłem.

Nauczyłem się, że aby osiągnąć sukces, niezbędne jest pozytywne i proaktywne nastawienie, postrzeganie problemów jako szans oraz bycie kreatywnym i innowacyjnym, myślenie nieszablonowe i szukanie unikalnych rozwiązań dla każdego problemu.

Nauczyłem się również, jak ważne jest planowanie i strategia. Nie chodzi tylko o posiadanie jasnej wizji, ale także o stworzenie solidnego i szczegółowego planu jej realizacji. Bycie zdyscyplinowanym, zorganizowanym i pracującym konsekwentnie i z zaangażowaniem jest niezbędne.

Krótko mówiąc, moja historia to historia wytrwałości, determinacji i odporności. Nauczyłem się doceniać każde małe osiągnięcie i świętować każdy krok naprzód.

Mam nadzieję, że moja historia zainspiruje i zmotywuje tych, którzy napotykają przeszkody na swojej drodze i pokaże im, że można je pokonać, aby osiągnąć upragniony sukces.

"Bez względu na obecną sytuację, po prostu wstań i zacznij działać."

03.
ROZWIJANIE PRZEDSIĘBIORCZEGO SPOSOBU MYŚLENIA

Rozwijanie przedsiębiorczego sposobu myślenia jest niezbędne do osiągnięcia sukcesu w biznesie i w życiu. W tym rozdziale podzielę się swoim doświadczeniem i lekcjami, których nauczyłem się na mojej drodze do sukcesu.

Dla mnie rozwijanie przedsiębiorczego sposobu myślenia zaczęło się od podejmowania decyzji. Często stawałem przed wyborem szukania i kontynuowania stabilnej i bezpiecznej pracy lub podjęcia ryzyka i założenia własnej firmy. Z czasem nauczyłem się wierzyć w swoje umiejętności i zdolność do podejmowania mądrych i odważnych decyzji.

Innym ważnym aspektem rozwijania przedsiębiorczego sposobu myślenia jest zdolność do podejmowania ryzyka i stawiania czoła strachowi przed porażką.

"To naturalne, że boimy się porażki, ale ważne jest to, jak reagujemy na ten strach."

Nauczyłem się, że porażka jest tylko okazją do nauki i rozwoju, a każda porażka przybliża mnie do ostatecznego celu.

Wytrwałość jest również kluczem do rozwoju przedsiębiorczego sposobu myślenia. Po drodze napotkałem wiele wyzwań i przeszkód, ale zawsze zachowywałem determinację i koncentrowałem się na moich długoterminowych celach. Nawet w najtrudniejszych momentach znajdowałem siłę, by iść dalej i nie poddawać się.

Wreszcie, kreatywność i innowacyjność są niezbędne w rozwijaniu przedsiębiorczego sposobu myślenia. Nauczyłem się myśleć nieszablonowo i szukać innowacyjnych rozwiązań problemów, które pojawiały się na mojej drodze. To pozwoliło mi wyróżnić się na konkurencyjnym rynku i zawsze być o krok przed konkurencją.

"Rozwijanie przedsiębiorczego sposobu myślenia jest podstawą sukcesu."

Dzięki mojemu doświadczeniu nauczyłem się, jak ważne jest podejmowanie odważnych decyzji, podejmowanie ryzyka, wytrwałość w trudnych czasach i poszukiwanie innowacyjnych rozwiązań. Mam nadzieję, że te lekcje zainspirują czytelników do rozwijania własnego przedsiębiorczego sposobu myślenia i osiągania swoich celów.

Jeśli chcesz odnieść sukces jako przedsiębiorca, niezbędne jest posiadanie przedsiębiorczego nastawienia. ¿Ale co to dokładnie oznacza? Dla mnie oznacza to proaktywne i pozytywne podejście do wyzwań, bycie innowacyjnym i kreatywnym oraz gotowość do podejmowania skalkulowanego ryzyka.

Rozwijanie przedsiębiorczego sposobu myślenia nie jest czymś, co dzieje się z dnia na dzień. Wymaga praktyki i wytrwałości. Osobiście musiałem ciężko pracować, aby rozwinąć ten sposób myślenia. Na mojej drodze do sukcesu musiałem pokonać wiele przeszkód i niepowodzeń. Ale za każdym razem, gdy napotykałem przeszkodę, zamiast się poddawać, szukałem rozwiązania i kontynuowałem.

Kolejną ważną rzeczą w rozwijaniu przedsiębiorczego sposobu myślenia jest otaczanie się ludźmi o podobnych poglądach. Zawsze staram się przebywać z ludźmi pełnymi pasji, kreatywnymi i chętnymi do podejmowania ryzyka. Ci ludzie nie tylko mnie inspirują, ale także dają mi perspektywę i wsparcie, których potrzebuję, aby iść naprzód.

W tym rozdziale zbadamy niektóre z kluczowych cech przedsiębiorczego sposobu myślenia i tego, jak można je kultywować. Przyjrzymy się, w jaki sposób można przyjąć nastawienie na rozwój, uczyć się na błędach i zawsze szukać nowych możliwości. Podzielimy się również kilkoma praktycznymi wskazówkami, które pomogą ci rozwinąć silny i odporny sposób myślenia o przedsiębiorczości.

Pamiętaj, że rozwijanie przedsiębiorczego sposobu myślenia jest niezbędne nie tylko do osiągnięcia sukcesu w biznesie, ale także w życiu. Przyjmując proaktywne i pozytywne nastawienie, będziesz w stanie pokonać każdą przeszkodę i osiągnąć swoje najbardziej ambitne cele.

Równie ważne jest nauczenie się podejmowania ryzyka i wychodzenia ze swojej strefy komfortu. Czasami jedyną drogą naprzód jest podjęcie ryzyka i spróbowanie czegoś nowego. Z mojego doświadczenia wynika, że za każdym razem, gdy podejmowałem ryzyko i wychodziłem ze swojej strefy komfortu, doświadczałem znacznego wzrostu w mojej firmie i życiu osobistym.

Oczywiście ważne jest również, aby nauczyć się radzić sobie z porażką. Jako przedsiębiorca, nieuniknione jest, że będziesz musiał stawić czoła porażkom i niepowodzeniom. Kluczem jest nie pozwolić, aby porażka cię powstrzymała. Zamiast tego należy uczyć się na błędach, dostosowywać swoje podejście i iść naprzód.

Innym kluczowym aspektem przedsiębiorczego sposobu myślenia jest zdolność do kreatywnego i innowacyjnego myślenia. Często największe przełomy w biznesie i ogólnie w życiu wynikają z nieszablonowego myślenia i znajdowania innowacyjnych rozwiązań typowych problemów.

Krótko mówiąc, rozwijanie przedsiębiorczego sposobu myślenia obejmuje bycie proaktywnym, podejmowanie ryzyka, wychodzenie ze strefy komfortu, uczenie się na porażkach oraz kreatywne i innowacyjne myślenie.

W tym rozdziale podzieliłem się moimi wskazówkami i strategiami, które pomogą ci kultywować przedsiębiorcze nastawienie i pokonywać przeszkody na drodze do sukcesu.

"Nie czekaj na nadarzające się okazje... Stwórz je."

04.
SAMOŚWIADOMOŚĆ I SAMODYSCYPLINA

Jedną z najważniejszych lekcji, jakich się nauczyłem, jest kluczowe znaczenie samoświadomości i samodyscypliny. Aby osiągnąć swoje cele, musisz poznać siebie, zidentyfikować swoje mocne i słabe strony oraz dążyć do poprawy każdego dnia.

W moim doświadczeniu stawiłem czoła wielu wyzwaniom, które skłoniły mnie do refleksji nad tym, kim jestem jako osoba, przedsiębiorca i biznesmen. Nauczyłem się szczerze mówić o swoich słabościach oraz doceniać i rozwijać swoje mocne strony. Pozwoliło mi to wyznaczyć jasne i realistyczne cele dla siebie i mojej firmy.

Podobnie, nauczyłem się, że sukces nie jest kwestią talentu czy szczęścia, ale także samodyscypliny i skutecznych nawyków.

Opracowałem codzienne rutyny i praktyki, które pomagają mi skupić się na moich celach i być bardziej produktywnym, od ustalania codziennego harmonogramu po medytację i regularne ćwiczenia.

W tym rozdziale podzielę się moimi doświadczeniami i wskazówkami, jak identyfikować mocne i słabe strony, wyznaczać cele osobiste i zawodowe oraz rozwijać skuteczne nawyki na drodze do Sukcesu. Mam nadzieję, że będą one przydatne dla tych, którzy chcą poprawić swoją samoświadomość i samodyscyplinę na drodze do sukcesu. ¡Osiągnijmy go razem!

Z mojego doświadczenia wynika, że samoświadomość i samodyscyplina mają fundamentalne znaczenie dla osiągnięcia sukcesu w biznesie i ogólnie w życiu. Identyfikacja moich mocnych i słabych stron pomogła mi lepiej zrozumieć moje zdolności i ograniczenia. To z kolei pozwoliło mi w pełni wykorzystać moje talenty i pracować nad poprawą w obszarach, w których mam największe trudności.

Co więcej, wyznaczanie jasnych i osiągalnych celów osobistych i zawodowych było kluczowym czynnikiem mojego sukcesu. Bez jasnych celów łatwo jest zagubić się w codziennej harówce i stracić z oczu to, co naprawdę ważne. Ale posiadanie jasnej wizji tego, co chcę osiągnąć i ciągła praca w tym kierunku sprawiły, że jestem zmotywowany i skoncentrowany na drodze do sukcesu.

Nauczyłem się również, że rozwijanie zdrowych i produktywnych nawyków ma fundamentalne znaczenie dla utrzymania przedsiębiorczego nastawienia.

W trakcie mojej kariery wdrożyłem szereg nawyków i rutyn, które pomagają mi zachować koncentrację i produktywność.

Od wczesnego wstawania i ćwiczeń po medytację i staranne planowanie dnia - te nawyki pozwoliły mi pracować wydajniej i skuteczniej, a także znacząco przyczyniły się do mojego sukcesu.

W końcu zdałem sobie sprawę, że jeśli chcę osiągnąć swoje cele i sukces, muszę być bardziej zdyscyplinowany i skoncentrowany. Zacząłem wyznaczać konkretne cele na każdy dzień, tydzień i miesiąc oraz rozwijać nawyki, które pomogły mi pozostać na dobrej drodze.

Pamiętaj, że sukces nie przychodzi z dnia na dzień; wymaga czasu, wysiłku i poświęcenia. Ale jeśli dobrze znasz siebie i zdyscyplinujesz się, aby podążać swoją ścieżką, będziesz na właściwej drodze do sukcesu w biznesie i w życiu. ¡Kontynuuj!

Samoświadomość i samodyscyplina mają fundamentalne znaczenie dla osiągnięcia sukcesu w każdej dziedzinie życia. Identyfikując swoje mocne i słabe strony, wyznaczając cele osobiste i zawodowe oraz rozwijając nawyki sukcesu, możesz osiągnąć swoje cele i pokonać wyzwania po drodze.

Z mojego doświadczenia wynika, że dyscyplina jest kluczem do długoterminowego sukcesu. Nie chodzi tylko o ciężką pracę, ale o strategiczne podejście i zaangażowanie w realizację swoich celów każdego dnia.

Z nastawieniem skoncentrowanym na samoświadomości i samodyscyplinie, jestem przekonany, że możesz osiągnąć wszystko, co sobie zaplanujesz w życiu i biznesie.

*"Jeśli powiesz:
Jutro to zrobię...
Już przegrałeś."*

05.
ZNACZENIE PLANOWANIA I STRATEGII

Planowanie i strategia mają fundamentalne znaczenie dla każdego udanego celu, przedsięwzięcia lub biznesu. Znaczenie posiadania skutecznego biznesplanu, strategii marketingowych i sprzedażowych oraz rozwoju marki osobistej. Mam nadzieję, że moje wskazówki i doświadczenia pomogą ci stworzyć skuteczną strategię rozwijania swojej wizji.

W tym rozdziale podzielę się moimi doświadczeniami i wnioskami na temat znaczenia planowania i strategii dla sukcesu biznesowego. Mam nadzieję, że moja historia zainspiruje czytelników do opracowania skutecznych biznesplanów i innowacyjnych strategii marketingowych, a także do pracy nad własną marką osobistą, aby wyróżnić się na konkurencyjnym rynku.

- Opracowanie skutecznego biznesplanu:

Kiedy rozpoczynałem swoją działalność, szybko zdałem sobie sprawę, że posiadanie solidnego biznesplanu ma kluczowe znaczenie dla jej sukcesu. Moja pierwsza próba jego stworzenia zakończyła się katastrofą. Nie miałem doświadczenia w jego tworzeniu, więc po prostu zapisałem swoje pomysły na papierze bez żadnego porządku i struktury.

Dopiero gdy zatrudniłem konsultanta biznesowego, dowiedziałem się, jak ważne jest posiadanie dobrze skonstruowanego planu.

Skuteczny biznesplan powinien obejmować następujące aspekty:

Misja i wizja:
¿Jaki jest cel Twojej firmy i co chcesz dzięki niej osiągnąć?

Analiza rynku:
¿Kim są potencjalni klienci? ¿Jakie są ich potrzeby? ¿Kim są konkurenci?

Plan marketingowy:
¿Jak będziesz promować swój produkt lub usługę? ¿Jaka będzie Twoja strategia cenowa?

Plan finansowy:
¿Ile pieniędzy potrzebujesz na rozpoczęcie działalności? ¿Ile spodziewasz się zarobić w pierwszym roku? ¿Jakie są Twoje długoterminowe prognozy finansowe?

Po opracowaniu skutecznego biznesplanu należy regularnie go przeglądać i aktualizować, aby dostosować go do zmieniających się potrzeb firmy.

- Strategie marketingowe i sprzedażowe:

Gdy masz już skuteczny biznesplan, będziesz potrzebował strategii marketingowej i sprzedażowej, aby dotrzeć do potencjalnych klientów. Nauczyłem się, że nie chodzi tylko o dobry pomysł, ale także o to, jak go sprzedać.

Oto kilka strategii marketingowych i sprzedażowych, które okazały się skuteczne dla mojej firmy:

Zidentyfikuj grupę docelową:
¿Kim są potencjalni klienci, jakie są ich potrzeby i jak można je zaspokoić?

Stwórz silną markę:
Twoja marka to wizerunek, jaki klienci mają o Twojej firmie. Upewnij się, że jest ona spójna we wszystkich materiałach marketingowych i

komunikacji.

Korzystaj z mediów społecznościowych:
Media społecznościowe to potężne narzędzie umożliwiające dotarcie do potencjalnych klientów i utrzymywanie z nimi kontaktu.

Oferuje promocje i rabaty:
Specjalna oferta lub rabat może być powodem, dla którego potencjalny klient wybierze Twoją firmę zamiast innej.

Rozwój marki osobistej:
Oprócz posiadania marki dla swojej firmy, ważne jest, aby rozwijać markę osobistą. Marka osobista to sposób, w jaki prezentujesz się światu jako osoba fizyczna i przedsiębiorca. Nauka budowania i utrzymywania silnej marki osobistej może pomóc w nawiązaniu znaczących kontaktów z klientami i wyróżnieniu się na tle konkurencji.

Zrozumiałem również znaczenie ustanowienia skutecznej strategii marketingowej dla mojej firmy. Nauczyłem się, że marketing to nie tylko promowanie produktu lub usługi, ale także tworzenie więzi z potencjalnymi klientami.

Opracowałem innowacyjne strategie marketingowe, które pomogły mi wyróżnić się na nasyconym rynku i przyciągnąć klientów szukających czegoś wyjątkowego i innego.

Ale nie chodzi tylko o planowanie i strategię biznesową, ale także o rozwój silnej marki osobistej.

Nauczyłem się, że sposób, w jaki prezentuję siebie i swoją firmę, ma kluczowe znaczenie dla budowania zaufania i wiarygodności wśród moich klientów i partnerów biznesowych.

Pracowałem nad swoim wizerunkiem osobistym, mową ciała i mową, aby upewnić się, że moja marka osobista odzwierciedla wartości mojej firmy i odróżnia mnie od konkurencji.

*¡Z wytrwałością, determinacją i cierpliwością!
Wszyscy możemy osiągnąć sukces w biznesie i życiu.*

06.
KREATYWNOŚĆ I INNOWACYJNOŚĆ

W tym rozdziale podzielę się z wami moimi doświadczeniami i wiedzą na temat tego, jak rozwijać te umiejętności w życiu biznesowym.

Kreatywność i innowacyjność są niezbędnymi umiejętnościami dla każdego przedsiębiorcy, który chce odnieść sukces. Z mojego doświadczenia wynika, że nie wystarczy podążać za trendami rynkowymi, trzeba być kreatywnym i szukać nowych sposobów na wyróżnienie się na tle konkurencji.

W pewnym momencie mojej kariery zdałem sobie sprawę, że moja firma jest w stagnacji i że muszę zrobić coś innego, aby się rozwijać. To właśnie wtedy postanowiłem zachęcić mój zespół do kreatywności i innowacyjności i zaczęliśmy szukać nowych pomysłów i podejść do ulepszania naszych produktów i usług.

Na początku może wydawać się trudne wyjście ze strefy komfortu i przyjęcie nowych pomysłów, ale ważne jest, aby pamiętać, że innowacje nie muszą być skomplikowane ani kosztowne. Czasami najprostsze pomysły mogą być najbardziej skuteczne.

Ponadto konieczne jest bycie świadomym zmian rynkowych i dostosowywanie się do nich w odpowiednim czasie. Z mojego doświadczenia wynika, że wiele firm upadło tylko dlatego, że nie dostosowały się do zmian na rynku i pozostały w tyle. Dlatego ważne jest, aby być świadomym trendów i zmian oraz być gotowym do adaptacji i zmian, jeśli zajdzie taka potrzeba.

Kreatywność i innowacyjność to podstawowe umiejętności każdego odnoszącego sukcesy przedsiębiorcy. Nauka wspierania kreatywności, poszukiwania nowych pomysłów i podejść oraz dostosowywania się do zmian rynkowych może być kluczem do utrzymania konkurencyjności i rozwoju.

Innowacja jest podstawą sukcesu w biznesie. Dla mnie zaczyna się od kreatywnego myślenia i ciągłego poszukiwania nowych sposobów rozwiązywania problemów oraz ulepszania produktów i usług.

Często się zastanawiam:

"¿Jak możemy wyróżnić się na tle konkurencji i zaoferować naszym klientom coś wyjątkowego?"

Na co dzień wspieram innowacyjność, tworząc kulturę przedsiębiorczości, która ceni kreatywność i eksperymentowanie. W moim startupie zachęcam współpracowników do dzielenia się swoimi pomysłami i perspektywami, bez względu na to, jak szalone lub nieszablonowe mogą się one początkowo wydawać. Ważne jest, aby każdy czuł się komfortowo współpracując jako zespół w celu znalezienia kreatywnych rozwiązań dla wyzwań, przed którymi stoimy.

Istotne jest, aby być świadomym zmian rynkowych i trendów branżowych, a także być gotowym na dostosowanie się i odpowiednią ewolucję. Odnoszący sukcesy przedsiębiorcy długoterminowi nie boją się zmian i adaptacji, aby pozostać na bieżąco.

Mój zespół i ja zastosowaliśmy te zasady w naszej firmie, aby opracować nowe produkty i usługi oraz w jaki sposób udało nam się wyróżnić na coraz bardziej konkurencyjnym rynku.

Mam nadzieję, że te lekcje i doświadczenia zainspirują Cię do nieszablonowego myślenia i zachęcą do innowacji we własnym biznesie.

Kreatywność i innowacyjność są niezbędne, aby utrzymać się na stale zmieniającym się rynku. Zdolność do nieszablonowego myślenia i znajdowania innowacyjnych rozwiązań złożonych problemów może wyróżnić firmę na tle konkurencji.

W trakcie mojej kariery biznesowej wielokrotnie musiałem dostosowywać się do zmian rynkowych. Czasami zmiany te zaskakiwały mnie i pozostawiały bez jasnego kierunku. Jednak z biegiem czasu nauczyłem się, że innowacje są nie tylko niezbędne, ale także konieczne do utrzymania udanego i rozwijającego się biznesu.

Zachęcam do kreatywnego myślenia i bycia otwartym na nowe pomysły i sposoby działania.

"Pamiętaj, że innowacja nie polega na byciu pierwszym w czymś, ale na byciu najlepszym w czymś."

*Przez większość czasu będziesz nazywany
wariatem za bycie innowacyjnym, ale....
"Szaleńcy są tymi, którzy zmieniają świat."*

07.
FINANSE DLA PRZEDSIĘBIORCÓW

Jeśli chodzi o bycie odnoszącym sukcesy przedsiębiorcą, jedną z najważniejszych, jeśli nie najważniejszą rzeczą, której należy się nauczyć, jest efektywne zarządzanie finansami.

Bez względu na to, jak dobry jest twój pomysł na biznes lub jak wielką pasją jesteś, jeśli nie potrafisz odpowiednio zarządzać swoimi pieniędzmi, twój biznes nie będzie prosperował.

Osobiście pamiętam problemy finansowe w mojej pierwszej firmie. Nie miałem jasnego zrozumienia zarządzania finansami biznesowymi i osobistymi i znalazłem się w sytuacji, w której nie byłem w stanie płacić rachunków i jednocześnie utrzymywać firmy na powierzchni.

W tym rozdziale podzielę się moimi doświadczeniami i spostrzeżeniami zdobytymi na drodze do finansowego sukcesu. Mam nadzieję, że te informacje pomogą ci uniknąć błędów, które ja popełniłem, skuteczniej zarządzać pieniędzmi i uzyskać finansowanie potrzebne do przeniesienia biznesu na wyższy poziom.

To była trudna lekcja, ale nauczyła mnie, jak mieć solidny plan finansowy, od początku nauczyłem się podstaw księgowości i finansów, takich jak zarządzanie fakturami i zapasami, obliczanie marży zysku i budżetowanie.

Dowiedziałem się również, jak ważne jest prowadzenie szczegółowej ewidencji wszystkich wydatków i dochodów oraz posiadanie prognozy przepływów pieniężnych w celu planowania i zapobiegania problemom finansowym w przyszłości.

Kolejną lekcją, której się nauczyłem, było zdobycie finansowania dla swojej firmy. W pewnym momencie potrzebowałem dodatkowych funduszy na rozwój mojej firmy, ale nie wiedziałem, jak je zdobyć.

Podczas poszukiwań znalazłem różne opcje, takie jak pożyczki bankowe, finansowanie prywatne i akceleratory biznesu. Upewniłem się, że dokładnie zbadałem każdą opcję i podjąłem świadome decyzje dotyczące sposobu finansowania mojej działalności.

Ale aby odnieść sukces w poszukiwaniu finansowania, nauczyłem się, że konieczne jest posiadanie solidnego i wiarygodnego biznesplanu, z jasnymi celami, jasną strategią i realistyczną prognozą finansową.

Poza tym nauczyłem się oddzielać finanse osobiste od biznesowych. Musiałem zrozumieć, że moja firma nie jest moim osobistym kontem i że muszę prowadzić przejrzysty rejestr transakcji i wydatków. Dowiedziałem się również, jak ważne jest utrzymywanie funduszu awaryjnego zarówno dla finansów osobistych, jak i biznesowych, aby być przygotowanym na wszelkie nieprzewidziane zdarzenia.

Jednym z głównych wyzwań, przed którymi stanąłem jako przedsiębiorca, było nauczenie się, jak właściwie zarządzać finansami osobistymi i biznesowymi. Chociaż zawsze uważałem na swoje pieniądze, odkryłem, że zarządzanie finansami w biznesie jest znacznie bardziej złożone i wymaga specjalistycznej wiedzy.

Przed wkroczeniem w świat biznesu konieczne jest solidne zrozumienie swoich finansów osobistych. Przez lata nauczyłem się szczegółowo śledzić moje osobiste dochody i wydatki oraz ustalać realistyczny budżet. W ten sposób mogłem mieć jasny obraz moich zasobów i tego, jak inwestować je w mój biznes.

Jeśli chodzi o zarządzanie finansami firmy, niezbędne jest zrozumienie podstawowych zasad rachunkowości i finansów. Od przygotowywania sprawozdań finansowych po zarządzanie podatkami, solidne zrozumienie finansów biznesowych jest niezbędne do podejmowania świadomych decyzji.

Z drugiej strony, uzyskanie finansowania dla firmy może być dużym wyzwaniem. W trakcie mojej kariery badałem różne opcje finansowania i nauczyłem się, jak skutecznie prezentować swoje pomysły biznesowe, aby uzyskać niezbędne wsparcie.

Po zastanowieniu się i wyciągnięciu wniosków z popełnionych błędów, podjąłem kroki w celu poprawy moich finansów biznesowych i osobistych. Skupiłem się na nauce podstaw księgowości i finansów oraz zacząłem korzystać z narzędzi i oprogramowania do zarządzania finansami, aby skutecznie monitorować swoje dochody i wydatki.

W miarę rozwoju mojej firmy zacząłem również współpracować z zespołem księgowych i doradców finansowych, aby upewnić się, że moja firma działa wydajnie i rentownie.

Należy pamiętać, że skuteczne zarządzanie finansami jest niezbędne do osiągnięcia długoterminowego sukcesu biznesowego.

"Kto trzyma, kiedy ma, je, kiedy chce."

08.
ZARZĄDZANIE ZASOBAMI LUDZKIMI

Sukces firmy zależy w dużej mierze od zespołu odpowiedzialnego za jej prowadzenie. Dlatego w tym rozdziale porozmawiamy o zarządzaniu zasobami ludzkimi i o tym, jak zbudować silny zespół.

Skuteczna rekrutacja jest kluczem do posiadania zespołu, który spełnia oczekiwania i cele firmy. Niezbędne jest jasne zdefiniowanie umiejętności i kompetencji poszukiwanych u każdego kandydata oraz zaprojektowanie rygorystycznego procesu selekcji w celu ich oceny.

Ale kiedy już masz sprzęt:

¿Jak sprawić, by działał efektywnie i wspólnie?

W tym miejscu wkracza rozwój silnego zespołu. Aby to osiągnąć, konieczne jest wspieranie otwartej komunikacji i pracy zespołowej, ustalanie jasnych celów i zadań oraz zapewnienie, że wszyscy członkowie są zgodni z wizją firmy.

Ponadto niezbędne jest zarządzanie produktywnością i motywacją zespołu. Jednym ze sposobów na to jest zapewnienie możliwości rozwoju zawodowego, ustanowienie systemów uznawania i nagradzania za wybitne wyniki oraz stworzenie środowiska pracy, które promuje dobre samopoczucie i satysfakcję pracowników.

Z mojego doświadczenia wynika, że budowanie silnego zespołu nie zawsze jest łatwe. Musiałem stawić czoła wielu wyzwaniom i uczyć się na własnych błędach, aby prowadzić skuteczny zespół. Jedną z najważniejszych lekcji, jakich się nauczyłem, jest to, że aby zbudować silny zespół, konieczne jest jasne określenie oczekiwań i celów firmy, a także ustanowienie kultury organizacyjnej, która promuje współpracę i pracę zespołową.

Podsumowując, zarządzanie zasobami ludzkimi jest kluczem do sukcesu każdej firmy.

Skuteczna rekrutacja, rozwój silnego zespołu, zarządzanie produktywnością i motywowanie zespołu to kluczowe elementy, które każdy przedsiębiorca musi wziąć pod uwagę. Przy odpowiednim skupieniu i poświęceniu można pokonać wyzwania i zbudować zespół, który przyczyni się do sukcesu firmy.

Ważne jest, aby pamiętać, że silny zespół to nie tylko wybór najlepszych kandydatów, ale także wspieranie zdrowego środowiska pracy i wzajemnego zaufania.

Członkowie zespołu powinni czuć się doceniani i uznawani za swoją pracę, a także powinni być zmotywowani do współpracy w celu osiągnięcia wspólnych celów.

Jednym z warunków pobudzania kreatywności, który zdecydowałem się wdrożyć i który działa cuda, jest to, że każda osoba, która decyduje się ze mną pracować, musi zaakceptować wyzwanie.

Wyzwanie to polega na tym, że po trzech miesiącach współpracy z nami musisz przedstawić innowacyjny projekt i zacząć go rozwijać w ciągu następnych sześciu miesięcy.

Odkryłem, że wspieranie ich pomysłów motywuje ich do osiągania wyników.

Ważne jest, aby słuchać członków zespołu i brać pod uwagę ich pomysły i opinie. Ponadto kluczowe jest przekazywanie konstruktywnych informacji zwrotnych i docenianie dobrej pracy.

Wreszcie, jako przedsiębiorcy, musimy być chętni do nauki i ciągłego doskonalenia się w zarządzaniu zasobami ludzkimi.

Musimy być otwarci na nowe podejścia i strategie oraz gotowi do podejmowania ryzyka w dążeniu do doskonałości.

Zarządzanie zasobami ludzkimi jest podstawowym aspektem sukcesu biznesowego i musi być traktowane z taką samą uwagą i zaangażowaniem, jak każdy inny aspekt działalności.

"Zatrudnij poświęcenie, trenuj umiejętności."

09.
SKUTECZNA KOMUNIKACJA DLA PRZEDSIĘBIORCÓW

Komunikacja jest kluczową umiejętnością dla każdego przedsiębiorcy. Bez względu na to, jak innowacyjny jest twój produkt lub jak imponująca jest twoja strategia biznesowa, jeśli nie potrafisz skutecznie komunikować się z klientami, partnerami, dostawcami i współpracownikami, twoja firma prawdopodobnie upadnie.

W tym rozdziale chcę podzielić się z Tobą moim doświadczeniem w zakresie skutecznej komunikacji dla przedsiębiorców i tym, jak możesz rozwinąć tę umiejętność, aby odnieść sukces w biznesie.

Skuteczna komunikacja interpersonalna jest podstawą wszystkich relacji biznesowych.

Jako przedsiębiorca musisz być w stanie przekazywać swoje pomysły i myśli w sposób jasny i zrozumiały. Często sukces firmy zależy od jakości komunikacji między członkami zespołu.

Skutecznym sposobem na poprawę komunikacji interpersonalnej jest aktywne słuchanie. Aktywne słuchanie oznacza zwracanie uwagi na to, co mówi druga osoba i zadawanie odpowiednich pytań, aby pokazać, że jesteś zainteresowany tym, co mówi. Ważne jest, aby unikać przerw i rozpraszania uwagi, aby umożliwić jaśniejszą i bardziej efektywną komunikację.

Kolejną istotną umiejętnością jest komunikacja w zespole i przywództwo. Dla lidera kluczowe znaczenie ma inspirowanie i motywowanie zespołu do osiągania celów firmy. Aby to osiągnąć, musisz być dobrym komunikatorem i posiadać umiejętność przekazywania swojej wizji w jasny i zrozumiały sposób.

Niezbędna jest również skuteczna komunikacja biznesowa. Wiąże się to z umiejętnością przedstawiania raportów i prezentacji w sposób jasny i zwięzły, a także z pewnością siebie i autorytetem.

Skuteczna komunikacja biznesowa obejmuje również umiejętność budowania i utrzymywania relacji z partnerami, dostawcami i klientami.

Moje doświadczenie jako przedsiębiorcy nauczyło mnie, jak ważna jest skuteczna komunikacja. We wczesnych latach mojej kariery popełniłem wiele błędów, które drogo mnie kosztowały.

Od tego czasu pracuję nad poprawą swoich umiejętności komunikacyjnych poprzez praktykę i ciągłe szkolenia.

Moją radą jest ćwiczenie aktywnego słuchania i rozwijanie umiejętności komunikowania się z jasnością i pewnością siebie.

Poświęć czas na zrozumienie swoich odbiorców i odpowiednio dostosuj swój styl komunikacji. Pomoże ci to odnieść sukces w biznesie i zbudować silne i trwałe relacje.

Skuteczna komunikacja jest jedną z najważniejszych umiejętności każdego przedsiębiorcy. Jest ona niezbędna do budowania silnych i trwałych relacji z klientami, dostawcami, pracownikami i innymi członkami zespołu.

W trakcie mojej kariery przedsiębiorcy nauczyłem się, że komunikacja jest kluczem do sukcesu.

Skuteczna komunikacja interpersonalna jest podstawą wszystkich relacji międzyludzkich. Jeśli chodzi o budowanie relacji z klientami i dostawcami, konieczne jest bycie jasnym, uczciwym i przejrzystym.

Zawsze staram się skutecznie komunikować z moimi klientami, aby upewnić się, że rozumieją, co oferuję i jak mogę im pomóc.

Z mojego doświadczenia wynika, że skuteczna komunikacja jest kluczem do utrzymywania długotrwałych relacji z moimi klientami oraz pozyskiwania wartościowych poleceń i rekomendacji.

Jeśli chodzi o komunikację w zespole i przywództwo, odkryłem, że kluczem do silnego zespołu jest jasna i bezpośrednia komunikacja.

Oznacza to wyznaczanie jasnych celów i skuteczne komunikowanie ich całemu zespołowi.

Ważne jest również, aby każdy członek zespołu rozumiał swoją rolę i odpowiedzialność w zespole.

Z mojego doświadczenia wynika, że skuteczna komunikacja jest kluczem do skutecznego kierowania zespołami oraz pokonywania wyzwań i przeszkód.

Wreszcie, komunikacja biznesowa ma fundamentalne znaczenie dla sukcesu każdej firmy.

Istotne jest, aby skutecznie przekazywać wizję i misję firmy wszystkim członkom zespołu, aby upewnić się, że wszyscy dążą do tego samego celu.

Ważne jest również, aby komunikować wartości i kulturę firmy w celu przyciągnięcia i zatrzymania najlepszych talentów.

Z mojego doświadczenia wynika, że skuteczna komunikacja biznesowa jest kluczem do stworzenia silnej marki i przyciągnięcia wysokiej jakości klientów i pracowników.

Krótko mówiąc, skuteczna komunikacja jest niezbędna dla każdego przedsiębiorcy, który chce osiągnąć sukces.

Niezależnie od tego, czy chodzi o komunikację interpersonalną, komunikację zespołową i przywódczą, czy też komunikację biznesową, jasna, uczciwa i przejrzysta komunikacja jest kluczem do nawiązania silnych i trwałych relacji, kierowania odnoszącymi sukcesy zespołami oraz budowania silnej i odnoszącej sukcesy marki.

"Największym ryzykiem w życiu jest niepodejmowanie żadnego ryzyka."

10.
TECHNOLOGIA I TRANSFORMACJA CYFROWA

W tym rozdziale omówię znaczenie technologii i transformacji cyfrowej w świecie biznesu oraz to, w jaki sposób mogą one być kluczem do dzisiejszego sukcesu biznesowego.

Innowacje technologiczne zrewolucjonizowały sposób działania firm, otwierając nowe możliwości biznesowe.

Transformacja cyfrowa odnosi się do przyjęcia technologii cyfrowych we wszystkich obszarach firmy, od zarządzania zasobami ludzkimi po sprzedaż i marketing.

W moim doświadczeniu jako przedsiębiorcy widziałem z pierwszej ręki, jak przyjęcie technologii cyfrowych było kluczem do sukcesu mojej firmy.

Zamiast opierać się zmianom, postanowiliśmy je zaakceptować i postrzegać jako okazję do poprawy naszej wydajności i rentowności.

Transformacja cyfrowa może pomóc firmom zoptymalizować ich wewnętrzne procesy, poprawić współpracę między działami i pracownikami oraz zwiększyć zadowolenie klientów.

Ponadto korzystanie z narzędzi cyfrowych może pomóc firmom dotrzeć do szerszego grona odbiorców i rozwinąć ich działalność.

Nie chodzi jednak tylko o wdrażanie nowych technologii w firmie. Niezbędne jest zrozumienie, w jaki sposób technologie te mogą zostać wykorzystane do usprawnienia procesów wewnętrznych i interakcji z klientami.

Wymaga to strategicznego podejścia i dobrze zaprojektowanego planu, aby zmaksymalizować potencjał transformacji cyfrowej.

W mojej firmie wdrażamy narzędzia do analizy danych, takie jak sieć neuronowa: **SAM (System Algorithmic Monitoring)**, której nazwa i akronim jest na cześć mojej pierwszej córki, *Samanthy*, która zbiegiem okoliczności urodziła się tego samego dnia.

Pamiętam 20 września 2020 roku każdego dnia.

5 rano, 5 dni i 4 noce bez snu, próbując rozwiązać równanie algorytmiczne, aby sieć neuronowa była autonomiczna w podejmowaniu decyzji dotyczących symulacji i prognoz.

Nacisnąłem *Enter* na klawiaturze, aby uruchomić algorytm, na ekranie pojawił się *stabilny* wynik. A moja żona w ciąży z naszym dzieckiem, krzyczy do mnie, że odeszły mi wody, że nasze dziecko jest w drodze, więc urodziło się tego samego dnia.

Wykorzystaliśmy sieć neuronową **SAM** do lepszego zrozumienia zachowań klientów. Pozwoliło nam to opracować skuteczniejsze strategie marketingowe i zwiększyć sprzedaż.

Wdrożyliśmy również narzędzia do współpracy online, aby poprawić wydajność naszego zespołu i móc efektywniej pracować zdalnie.

Przyjęcie transformacji cyfrowej może początkowo wydawać się zniechęcające, ale przy odpowiednim podejściu i właściwym wsparciu każda firma może skorzystać z tej rewolucji technologicznej.

Nie możemy zapominać, że technologia wciąż ewoluuje. Jako przedsiębiorcy musimy być otwarci na zmiany i zawsze szukać sposobów na poprawę i dostosowanie się do nowych trendów.

Transformacja cyfrowa jest niezbędna dla każdej firmy, która chce przetrwać i rozwijać się w dzisiejszych czasach. Niezbędne jest nie tylko przyjęcie nowych technologii, ale także zrozumienie, w jaki sposób można je wykorzystać do usprawnienia procesów wewnętrznych, zwiększenia zadowolenia klientów i rozwoju firmy.

Jako przedsiębiorcy musimy zawsze szukać nowych możliwości i trendów w cyfrowym świecie, aby wprowadzać innowacje i być liderem w naszym sektorze.

W mojej karierze przedsiębiorcy zawsze byłem świadomy znaczenia bycia w czołówce technologii. Od samego początku wiedziałem, że innowacje technologiczne i transformacja cyfrowa są kluczowymi czynnikami sukcesu każdej firmy.

W tym rozdziale chcę podzielić się z Tobą tym, czego nauczyłem się o technologii i transformacji cyfrowej oraz o tym, jak możesz je wykorzystać, aby przenieść swoją firmę na wyższy poziom.

Innowacje technologiczne to potężna siła, która zmieniła sposób, w jaki prowadzimy działalność.

Obecnie większość firm opiera swoją działalność na technologii, od korzystania z mediów społecznościowych w celu dotarcia do potencjalnych klientów po wdrażanie systemów płatności online.

Technologia jest kluczowym narzędziem, które pozwala nam prowadzić działalność bardziej efektywnie.

Ale technologia nie zatrzymuje się w jednym miejscu, ciągle się zmienia. Dlatego tak ważne jest, abyśmy jako przedsiębiorcy byli zawsze na bieżąco.

Transformacja cyfrowa odnosi się do ciągłej ewolucji technologii cyfrowych i ich wpływu na procesy biznesowe.

Jest to ciągły i stale ewoluujący proces, a przedsiębiorcy muszą być w czołówce tych trendów.

Transformacja cyfrowa może być trudna do wdrożenia dla niektórych firm, ale może stanowić różnicę między sukcesem a porażką.

Firmy, które nie dostosowują się do trendów technologicznych, ryzykują pozostanie w tyle i utratę możliwości biznesowych.

Aby wdrożyć udaną transformację cyfrową, trzeba być gotowym do wprowadzenia znaczących zmian w sposobie działania.

Ponadto korzystanie z narzędzi cyfrowych jest dziś niezbędne do osiągnięcia sukcesu w biznesie.

Mogą one pomóc zautomatyzować procesy, poprawić wydajność, zwiększyć produktywność i usprawnić komunikację z klientami.

Popularne narzędzia cyfrowe obejmują systemy zarządzania projektami, platformy e-commerce, systemy płatności online, systemy zarządzania klientami i narzędzia do automatyzacji marketingu.

"Nie bój się nieznanego, miej odwagę je odkrywać."

11.
ZNACZENIE ETYKI W BIZNESIE

Etyka biznesu jest często pomijanym tematem na świecie, ale dla mnie jest to jeden z kluczy do udanego długoterminowego biznesu.

Od samego początku wiedziałem, że nie tylko chcę zbudować odnoszący sukcesy biznes, ale także chcę to zrobić w etyczny i odpowiedzialny sposób.

W tym rozdziale chcę podzielić się moim podejściem do tego, jak integruję etykę biznesową i odpowiedzialność społeczną we wszystkich obszarach mojej działalności.

Etyka biznesowa to nie tylko właściwe postępowanie, ale także pozytywny wpływ na reputację firmy, lojalność klientów i utrzymanie pracowników.

Dla mnie etyka biznesowa i odpowiedzialność społeczna są integralną częścią mojej tożsamości biznesowej. Od wyboru dostawców po sposób, w jaki traktujemy naszych współpracowników, zawsze staramy się postępować właściwie.

Jako przedsiębiorca ponoszę również osobistą odpowiedzialność za zapewnienie, że moja firma działa w sposób etyczny i odpowiedzialny.

Ważne jest dla mnie, aby upewnić się, że moje działania biznesowe są zgodne z moimi osobistymi wartościami. Jest to nie tylko słuszne, ale także buduje solidne podstawy dla mojej działalności w dłuższej perspektywie.

Klienci i pracownicy chcą pracować z firmami, które dbają o właściwe postępowanie i są zaangażowane w odpowiedzialność społeczną.

Co więcej, uważam, że etyka biznesu i odpowiedzialność społeczna nie są tylko opcją, ale obowiązkiem. Jako przedsiębiorcy mamy znaczący wpływ na nasze społeczności i cały świat.

Musimy wziąć odpowiedzialność za to, by wpływ ten był pozytywny. Etyka biznesu i odpowiedzialność społeczna mogą przynieść korzyści Twojej firmie.

Od zwiększenia lojalności klientów po poprawę reputacji firmy, istnieje wiele wymiernych korzyści płynących z właściwego postępowania.

Dla mnie etyka w biznesie to także poszanowanie praw człowieka i ochrona środowiska.

Chociaż podejmowanie etycznych decyzji nie zawsze jest łatwe, należy pamiętać, że mogą one mieć trwały wpływ na reputację firmy oraz jej zdolność do przyciągania i zatrzymywania klientów i talentów.

Z drugiej strony odpowiedzialność społeczna oznacza, że jako przedsiębiorca powinieneś być świadomy wpływu, jaki Twoja firma wywiera na społeczeństwo i środowisko oraz pracować nad zmniejszeniem wszelkiego negatywnego wpływu.

Może to obejmować przyjęcie zrównoważonych praktyk, udział w inicjatywach społecznych i wdrażanie polityki równych szans dla pracowników.

Zapewniając, że nasze działania biznesowe są zgodne z naszymi osobistymi wartościami, możemy zapewnić, że nasza działalność ma cel wykraczający poza zysk.

Ponadto może to pomóc nam przyciągnąć klientów i pracowników, którzy podzielają nasze wartości i są zaangażowani w nasze etyczne i odpowiedzialne podejście.

Oczywiście sukces firmy zależy nie tylko od etyki biznesowej i odpowiedzialności społecznej. Nauczyłem się jednak, że aspekty te mają fundamentalne znaczenie dla budowania udanego i zrównoważonego biznesu w perspektywie długoterminowej.

Włączając etykę i odpowiedzialność społeczną do wszystkich decyzji biznesowych, możemy zapewnić, że budujemy biznes, który jest nie tylko zyskowny, ale także znaczący i ma pozytywny wpływ na świat.

Etyka biznesu to temat, który może być łatwo pomijany przez wielu przedsiębiorców, zwłaszcza gdy koncentrują się oni na sukcesie finansowym swojej firmy.

Należy jednak pamiętać, że dobra reputacja etyczna jest niezbędna do utrzymania silnych i trwałych relacji z klientami, dostawcami, pracownikami i szerszą społecznością.

Z mojego doświadczenia wynika, że utrzymywanie silnej etyki biznesowej i odpowiedzialności społecznej może być głównym motorem sukcesu biznesowego.

Ważne jest, aby firmy podejmowały etyczne i odpowiedzialne decyzje we wszystkich obszarach, od produkcji i dystrybucji po relacje z pracownikami i społecznością.

Upewnienie się, że Twoje działania biznesowe są zgodne z Twoimi osobistymi wartościami jest niezbędne do zbudowania silnej i spójnej marki osobistej.

Jako przedsiębiorca powinieneś zawsze pamiętać, że twoja firma jest przedłużeniem ciebie samego i dlatego powinna odzwierciedlać twoje wartości i etykę.

Ponadto etyka biznesowa może mieć również pozytywny wpływ na długoterminowy sukces finansowy firmy.

Dzisiejsi klienci i konsumenci są coraz bardziej zainteresowani współpracą z firmami, które dbają o środowisko, sprawiedliwość społeczną i zrównoważony rozwój.

Przyjmując etyczne i zrównoważone praktyki biznesowe, nie tylko postępujesz właściwie, ale także budujesz solidne podstawy dla przyszłego sukcesu finansowego swojej firmy.

"Spraw, by twoje czyny przemawiały głośniej niż twoje słowa."

12.
POKONYWANIE PRZESZKÓD I NIEPOWODZEŃ

W trakcie mojej kariery przedsiębiorcy napotkałem wiele przeszkód i porażek. Ale zamiast się zniechęcać, nauczyłem się postrzegać każde wyzwanie jako okazję do rozwoju i poprawy.

Jedną z największych przeszkód była decyzja o zamieszkaniu w Medellín. W tamtym czasie nie miałem pracy i mieszkałem z rodzicami w mieście Apartado w stanie Antioquia. Pamiętam, że miałem nie więcej niż 4 USD, walizkę z kilkoma koszulami i parą dżinsów.

W dniu, w którym podróżowałem do Medellín, Antioquia, zrobiłem to drogą, w tamtym czasie była to diabelnie długa podróż trwająca prawie 15 godzin, znajomy, który prowadził ciężarówkę, podwiózł mnie.

Od razu zacząłem pracować jako szef kuchni w restauracji z orientalną żywnością. Dzień rozmowy kwalifikacyjnej był tym samym dniem, w którym przyjechałem do Medellín w stanie Antioquia.

I, niestety, jedyna para butów, jaką miałem, była uszkodzona, podeszwy odpadły. Więc improwizowałem, musiałem je skleić z powrotem i udawać, że nic się nie stało, to było trochę komiczne, aby odbyć rozmowę kwalifikacyjną w zepsutych butach.

To był mój pierwszy dzień w Medellín w stanie Antioquia i nie mając innego wyjścia, musiałem mieszkać na ulicy, zbierając pieniądze na wynajęcie pokoju w pensjonacie.

W tej pracy nauczyłem się tak wiele o tym, jak przygotowywać jedzenie i jak działa firma, że była to bardzo męcząca praca. Nie spałam od 4 rano do 11 wieczorem. Z tamtego okresu najbardziej pamiętam to, że musiałam kąpać się w łazienkach w centrach handlowych, w których restauracja była franczyzobiorcą.

Mój bezpośredni szef zawsze pytał mnie, dlaczego noszę walizkę. Mówiłem mu, że to moje ubrania na siłownię, ale to dlatego, że nie miałem ich gdzie przechowywać.

Po 6 miesiącach inwestowania całego mojego czasu i wysiłku w tę pracę, zdałem sobie sprawę, że nie osiągam wyników, na które liczyłem. Czułem się pokonany i zniechęcony, ale wiedziałem, że muszę kontynuować.

Nauczyłem się, że bez ryzyka nie ma szczęścia. To doświadczenie pomogło mi ulepszyć moje kolejne przedsięwzięcie.

Kolejna przeszkoda, która naznaczyła moje życie, pojawiła się kilka miesięcy później, kiedy miałem bardziej stabilną pracę jako analityk w jednym z największych banków w Kolumbii.

Było to wtedy, gdy straciłem narzeczoną w wypadku drogowym i w tym samym roku, wraz z moją obecną żoną, straciłem dziecko w drodze. Stałem się tak przygnębiony, że prawie straciłem życie i nie było łatwo dojść do siebie po tym wydarzeniu.

Kiedy tracisz kogoś, czujesz, że świat rozpada się u twoich stóp i tracisz sens rzeczy. To właśnie wtedy zadajesz sobie pytanie: ¿Po co iść dalej?

Po bolesnym czasie znalazłem swoją odpowiedź, tak jak ty kiedyś znalazłeś swoją odpowiedź.

Moja odpowiedź brzmiała: musiałem się czegoś nauczyć, życie chciało mnie czegoś nauczyć.

Tak jak on uczy tego ciebie.

Po drodze nauczyłem się również postrzegać porażki jako okazje do nauki. Zamiast obwiniać innych lub okoliczności, wziąłem odpowiedzialność za własne decyzje i uczyłem się na własnych błędach.

Ta mentalność pozwoliła mi rozwinąć się jako osoba i jako przedsiębiorca.

Na drodze do sukcesu przedsiębiorcy zawsze będą pojawiać się zawodowe i osobiste przeszkody oraz porażki.

Ale jeśli nauczymy się postrzegać każde wyzwanie jako okazję do rozwoju i poprawy, możemy pokonać każdą przeszkodę i osiągnąć nasze najbardziej ambitne cele.

Z mojego doświadczenia jako przedsiębiorcy nauczyłem się, że każda przeszkoda i porażka jest okazją do rozwoju i poprawy. Prawdziwym kluczem do sukcesu jest umiejętność odbicia się od dna i kontynuowania działalności w zakresie przedsiębiorczości.

Przeszkody i porażki są nieuniknione, ale ważne jest to, w jaki sposób stawiamy im czoła i jak je pokonujemy.

Pierwszą zalecaną przeze mnie strategią jest utrzymanie pozytywnego, skoncentrowanego na rozwiązaniach nastawienia.

Zamiast lamentować nad przeszkodą lub porażką, najważniejsze jest skupienie się na znalezieniu rozwiązania. Oznacza to bycie kreatywnym i elastycznym, chęć rozważenia alternatywnych rozwiązań oraz podejmowanie odważnych i ryzykownych kroków.

Drugą strategią jest poszukiwanie wsparcia. Jako przedsiębiorcy często czujemy się samotni i odizolowani.

Ważne jest jednak, aby pamiętać, że nie jesteśmy sami i że jest wiele osób, które chcą nam pomóc. Mogą to być mentorzy, inni przedsiębiorcy, przyjaciele i rodzina.

Emocjonalne i praktyczne wsparcie tych osób może być nieocenionym źródłem inspiracji i motywacji.

Trzecią strategią jest uczenie się na błędach.

Wszyscy popełniamy błędy, ale najważniejsze jest, aby wyciągać z nich wnioski i wykorzystywać je do rozwoju i poprawy. Wiąże się to z refleksją nad tym, co poszło nie tak, analizą przyczyn i zastanowieniem się, jak można uniknąć podobnych błędów w przyszłości.

Ponadto należy pamiętać, że porażka to nie koniec świata. Wielu odnoszących sukcesy przedsiębiorców doświadczyło znaczących niepowodzeń na drodze do sukcesu.

Ważne jest, aby nie pozwolić, by porażka cię zniechęciła lub powstrzymała przed pójściem naprzód. Zamiast tego wykorzystaj porażkę jako okazję do nauki, rozwoju i poprawy.

Pokonywanie przeszkód i niepowodzeń jest podstawowym aspektem podróży przedsiębiorcy. Ale z właściwym nastawieniem, odpowiednim wsparciem i umiejętnością uczenia się na błędach, możesz pokonać każde wyzwanie i osiągnąć sukces, na który zasługujesz.

Należy pamiętać, że pokonywanie przeszkód i porażek nie jest procesem łatwym ani szybkim. Wymaga wytrwałości, cierpliwości i nastawienia na ciągły rozwój i naukę.

Niezbędna jest gotowość do wprowadzania zmian, eksperymentowania z nowymi pomysłami i wychodzenia ze strefy komfortu, aby stawić czoła wyzwaniom i przekształcić je w możliwości rozwoju i sukcesu.

W moim doświadczeniu jako przedsiębiorcy napotkałem po drodze kilka przeszkód i porażek. Pewnego razu wprowadziłem na rynek produkt, który nie był tak udany, jak oczekiwano i musiałem zmierzyć się z rzeczywistością, że nie działa.

W tym momencie mogłem dać się pokonać porażce i całkowicie porzucić projekt. Zdecydowałem się jednak przyjąć inną perspektywę i wykorzystać porażkę jako okazję do nauki i poprawy.

Przeanalizowałem to, co nie zadziałało i podjąłem kroki, aby to poprawić, w tym dostosowałem produkt i ulepszyłem moją strategię marketingową.

Proces ten nie był łatwy, ale dzięki wytrwałości i skupieniu się na ciągłym rozwoju i doskonaleniu udało mi się pokonać przeszkodę i przekształcić ją w okazję do ulepszenia mojego biznesu.

Nauczyłem się, że porażki nie są końcem, ale po prostu częścią drogi do sukcesu. Pamiętaj, że każda przeszkoda i porażka to okazja do nauki i rozwoju, a przy odpowiednim podejściu możemy pokonać każde wyzwanie, które stanie na naszej drodze.

Podsumowując, pokonywanie przeszkód i porażek ma fundamentalne znaczenie na ścieżce przedsiębiorczości. Dzięki wytrwałości, cierpliwości i nastawieniu na ciągły rozwój, możemy stawić czoła każdemu wyzwaniu i przekształcić je w okazję do nauki i doskonalenia.

Należy pamiętać, że porażki nie są końcem, ale po prostu częścią drogi do sukcesu i że przy odpowiednim nastawieniu możemy pokonać każdą przeszkodę, która pojawi się na naszej drodze.

¿Chcesz coś?
"Więc idź i spraw, by tak się stało, bo jedyną rzeczą, która spada z nieba, jest deszcz."

13.
WSKAZÓWKI I ZALECENIA DOTYCZĄCE SUKCESU W BIZNESIE I ŻYCIU

Po przejściu przez różne wyzwania i nauczeniu się cennych lekcji po drodze, mogę powiedzieć, że te wskazówki były dla mnie fundamentalne.

Przede wszystkim chcę przypomnieć o znaczeniu utrzymywania pozytywnego i wytrwałego nastawienia. Jako przedsiębiorcy musimy być gotowi stawić czoła ciągłym wyzwaniom, ale musimy postrzegać je jako okazję do rozwoju i nauki.

Wytrwałość jest kluczowa, ponieważ nigdy nie wiemy, ile czasu zajmie nam osiągnięcie naszych celów i musimy być gotowi kontynuować, nawet jeśli sprawy wydają się trudne.

Kolejną wskazówką, którą chcę się podzielić, jest otaczanie się silnym zespołem. Nie możemy zrobić wszystkiego sami, a do osiągnięcia sukcesu potrzebujemy ludzi, którzy podzielają naszą wizję i są gotowi ciężko pracować, aby ją osiągnąć.

Kluczowe znaczenie ma zapewnienie, że nasz zespół posiada uzupełniające się umiejętności i wiedzę, tak abyśmy wspólnie mogli sprostać wszelkim pojawiającym się wyzwaniom.

Jeśli chodzi o równowagę między życiem zawodowym a prywatnym, ważne jest, aby pamiętać, że sukces to nie wszystko. Musimy poświęcać czas i energię na nasze osobiste relacje, hobby i działania, które nas pasjonują.

Chociaż prawdą jest, że ciężka praca i poświęcenie są niezbędne do osiągnięcia naszych celów biznesowych, konieczne jest również utrzymanie zrównoważonego życia, aby cieszyć się drogą do sukcesu.

Jeśli chodzi o zalecenia biznesowe, uważam, że kluczowe jest posiadanie jasnego i szczegółowego biznesplanu. Pomoże nam to zachować koncentrację i podążać jasną ścieżką do naszych celów.

Ponadto musimy być świadomi najnowszych trendów i technologii w naszej dziedzinie oraz być gotowi do adaptacji i zmian w razie potrzeby.

Na koniec zastanawiam się nad potrzebą silnej etyki biznesowej i odpowiedzialności społecznej.

Jako przedsiębiorcy ponosimy wielką odpowiedzialność za pozytywny wpływ na nasze społeczności i cały świat.

Musimy mieć pewność, że podejmujemy decyzje, które są zgodne z naszymi wartościami i przyczyniają się do dobrobytu ludzi i planety.

Bycie odnoszącym sukcesy przedsiębiorcą to nie tylko posiadanie innowacyjnego pomysłu i ciężka praca, ale także znalezienie właściwej równowagi między życiem osobistym i zawodowym, utrzymanie silnej etyki biznesowej i zawsze chęć uczenia się i doskonalenia.

Oto kilka wskazówek i zaleceń, które pomogą ci w drodze do sukcesu w biznesie i w życiu:

Zachowaj otwarty umysł i zawsze się ucz:

Świat biznesu nieustannie ewoluuje, a technologia szybko się rozwija. Dlatego też zawsze musisz być chętny do uczenia się nowych rzeczy i dostosowywania się do zmian. Szukaj nowych możliwości rozwoju i doskonalenia się.

Mieć jasną wizję:

Przed rozpoczęciem jakiejkolwiek działalności ważne jest, aby mieć jasną wizję i zdefiniować swoje cele. Należy pamiętać, że wizja może z czasem ewoluować, ale posiadanie jasnego kierunku pomoże ci pozostać na dobrej drodze do osiągnięcia celów.

Zbuduj silny zespół:

Sukces każdej firmy zależy w dużej mierze od ludzi, którzy w niej pracują. Poświęć czas na wybór najlepszych kandydatów i stwórz zespół zaangażowany w realizację Twoich celów.

Zachowanie równowagi między życiem osobistym i zawodowym:

Bycie odnoszącym sukcesy przedsiębiorcą nie oznacza poświęcania życia osobistego. Ważne jest, aby znaleźć odpowiednią równowagę między życiem zawodowym a prywatnym, aby zachować dobre samopoczucie fizyczne i emocjonalne.

Bądź etyczny w swoich praktykach biznesowych:

Etyka biznesowa i odpowiedzialność społeczna mają fundamentalne znaczenie dla długoterminowego sukcesu każdej firmy. Upewnij się, że Twoje praktyki są zgodne z Twoimi osobistymi wartościami i przyczyniają się do dobrobytu społeczeństwa i środowiska.

Nie bój się porażki:

Porażka jest nieuniknioną częścią drogi do sukcesu. Zamiast obawiać się porażki, potraktuj ją jako okazję do nauki i rozwoju. Ucz się na błędach, ponownie oceniaj swoje strategie i idź naprzód z większą determinacją.

Świętuj swoje sukcesy:

Pamiętaj, aby świętować swoje osiągnięcia i sukcesy na drodze do sukcesu. Uznaj i podziękuj ludziom, którzy pomogli ci osiągnąć cel i poświęć chwilę, aby cieszyć się sukcesem, zanim przejdziesz do następnego celu.

"Życie nie polega na odnajdywaniu siebie, ale na tworzeniu siebie."

14.
SPRZEDAŻ

Zostawiłem ten rozdział na koniec, nie dlatego, że był najmniej ważny, zrobiłem to właśnie dlatego, że jest najważniejszy, a częścią wyzwania jest dotarcie do końca.

"Wszyscy jesteśmy sprzedawcami; dopóki nie musimy sprzedać psich odchodów zupełnie obcej osobie na ulicy."

To był jeden z testów, które musiałem zdać, aby rozwinąć swoje umiejętności jako sprzedawca, kiedy starałem się o pracę w banku.

Ja uważam się za dobrego sprzedawcę i to nie z powodu arogancji czy poczucia bycia lepszym od innych, ale z powodu doświadczenia, cierpliwości i pokory do nauki, a także dlatego, że miałem najlepszego nauczyciela.

Mój stary...

Kiedy byłem nastolatkiem, sprzedawałem banany z moim tatą na wózku i od najmłodszych lat rozumiałem, że w sprzedaży nie chodzi o produkt czy usługę, ale o sprzedawanie siebie, tworzenie więzi i zaufania, tak aby druga osoba czuła się z tobą komfortowo i ufała ci.

Sztuczka mojego staruszka była prosta....

Niczego ci nie sprzedał, po prostu stworzył potrzebę bez słowa. To sposób, w jaki się poruszał, sposób, w jaki się do ciebie zbliżył, stworzył to zaufanie.

Wiele razy widziałem, jak przychodził do sklepów z dziesięcioma lub piętnastoma kilogramami bananów i kładł je na ladzie bez słowa.

Sklepikarz przez bezwładność mózgu automatycznie odpowiedział:
Nie mam pieniędzy...

A mój tata z uśmiechem na twarzy powiedziałby:
Jutro mi zapłacisz...

To natychmiast stworzyło potrzebę.

Widząc to zawsze zachodziłem w głowę.

Ponieważ nie rozumiałem, jak można bez słów nakłonić kogoś do kupienia czegoś, czego nie potrzebuje.

Wtedy zrozumiałem, że w sprzedaży nie chodzi o produkty czy usługi, w sprzedaży chodzi o sprzedawanie ciebie jako osoby, twojej esencji, twoich lęków, tego, jak ludzie cię postrzegają.

W tym ostatnim rozdziale chcę podzielić się z tobą kilkoma strategiami i sztuczkami, które pomogą ci rozwinąć te umiejętności, niektóre z osobistych doświadczeń, które przydarzyły mi się podczas mojej praktyki.

I nie chodzi o to, by sprzedawać swoje produkty lub usługi, ale by sprzedawać siebie i budować zaufanie z osobą po drugiej stronie stołu.

Ponadto zamierzam podzielić się z wami moim najbardziej intymnym sekretem, który pomógł mi osiągnąć wszystko, co zamierzałem zrobić. Jest to Sekret Sukcesu, który zdradzę ci w ostatnim akapicie tego rozdziału, więc zaczynajmy.

"W każdej sekundzie sprzedajemy i nie zdajemy sobie z tego sprawy."

Jest to główny błąd, który zawsze popełniamy. Wiele osób nie zdaje sobie z tego sprawy, a to dlatego, że w każdej mijającej sekundzie sprzedajemy samych siebie. W domu, w pracy, z rodziną, z przyjaciółmi, ze współpracownikami, z klientami, w każdej sekundzie sprzedajemy siebie.

Za każdym razem, gdy wchodzisz w interakcję z kimś, czy to znajomym, czy nieznajomym, sprzedajesz siebie i nie chodzi o to, że chcesz mu coś sprzedać, to twoja istota wchodzi w interakcję z tą drugą stroną i to jest to, co ta druga strona odbierze od ciebie.

Jak już wspomniałem, nie chodzi o sprzedaż produktów czy usług. Chodzi o bycie najlepszą wersją samego siebie, a robi się to sprzedając siebie.

Osobista prezentacja jest jednym z kluczy do sprzedaży siebie, swojego produktu lub usługi. Sposób, w jaki się prezentujesz, może mieć duży wpływ na to, jak postrzegają Cię inni.

Dlatego zawsze upewnij się, że masz profesjonalny i czysty wygląd, a także pozytywne i pewne siebie nastawienie.

¡Posłuchaj!

Najważniejszą sztuczką lub kluczem, i wielu się ze mną zgodzi, jest słuchanie. Kiedy słuchasz, masz świat u swoich stóp.

Aktywne słuchanie jest kluczem do zamknięcia udanej sprzedaży z potencjalnymi klientami. Zwracaj uwagę na ich potrzeby i obiekcje oraz oferuj spersonalizowane rozwiązania.

Okaż empatię i pokaż, że rozumiesz ich obawy. Zwracając uwagę na to, co mówi klient, możesz go lepiej zrozumieć.

Ponadto klient poczuje się doceniony i wysłuchany, co może poprawić więź emocjonalną, a tym samym zwiększyć prawdopodobieństwo, że dokona zakupu.

Pamiętam mój pierwszy tydzień jako makler giełdowy, mieliśmy pięć dni na sprzedaż produktu, w tym przypadku akcji. Był już piątek, ostatni dzień, 16:00 po południu, wszyscy moi koledzy zdążyli sprzedać oprócz mnie.

Nie będę zaprzeczał, że trochę się bałem, ponieważ miałem stracić szansę, o której zawsze marzyłem, i to był katalizator, który sprawił, że znów się skupiłem, strach.

To było moje marzenie i miałem je stracić, ponieważ nie byłem skupiony, więc poświęciłem kilka sekund na wewnętrzną refleksję i skupienie się na tym, co muszę zrobić, aby osiągnąć swój cel. Pamiętam, że powiedziano mi, że to moja ostatnia rozmowa, moja ostatnia szansa.

Tak więc z dużą dozą pozytywnego nastawienia i entuzjazmu zacząłem rozmawiać z osobą po drugiej stronie telefonu, przedstawiłem się profesjonalnie i pamiętam, że powiedziałem mu:

¿Czego szukasz?...

Nic więcej.

Zamiast przedstawiać mu usługę, produkt czy opowiadać mu scenariusz, pozwoliłem mu się zaprezentować, pozwoliłem mu mówić i słuchałem go, ta osoba otworzyła się przede mną jak kwiat, mogłem ją zrozumieć i to właśnie słuchanie nie tylko uratowało dzień, ale także moją karierę, która dopiero się zaczynała.

Pamiętam, jak ta osoba powiedziała mi, że chce kupić akcje o wartości 100 000 USD, a obecny rekord wynosił 32 000 USD.

Byłem tak podekscytowany, że dosłownie spadłem z krzesła, ale z prędkością pocisku wstałem i rozpoczęliśmy proces pozyskiwania ich produktu.

Rozmowy, które normalnie trwają 15-20 minut, trwały 4 godziny. Skończyliśmy prawie o ósmej wieczorem. I to uczucie osiągnięcia czegoś, osiągnięcia celu, że wszystko, o co walczyłeś, zmaterializowało się, nigdy tego nie zapomnisz, ponieważ jest to ciężka praca, jest to poświęcenie, ale kluczem było i zawsze będzie **Posłuchaj**.

¡Emocje!

Więź emocjonalna jest kluczowym elementem procesu sprzedaży. Klienci są bardziej skłonni do zakupu, jeśli czują się emocjonalnie związani z oferowanym produktem lub usługą. Aby to osiągnąć, ważne jest poznanie klienta, zrozumienie jego potrzeb i pragnień oraz odpowiednie spersonalizowanie oferty.

Poznaj swoich odbiorców i zbadaj ich potrzeby, pragnienia i problemy, aby skutecznie dostosować swoją ofertę sprzedaży. Stwórz profile idealnych klientów i spersonalizuj swoje podejście, aby zmaksymalizować swoje szanse na sukces.

¡Sprzeciw!

Klienci mogą mieć zastrzeżenia lub obawy dotyczące oferowanego produktu lub usługi. Zidentyfikowanie tych zastrzeżeń i skuteczne zajęcie się nimi jest niezbędne do zamknięcia sprzedaży.

Nauczenie się reagowania na obiekcje w przekonujący i pewny siebie sposób może zwiększyć prawdopodobieństwo, że klient ostatecznie dokona zakupu.

Przewidywanie typowych obiekcji, które mogą pojawić się podczas procesu sprzedaży i przygotowanie się do ich przezwyciężenia. Dowiedz się, jak odpowiadać asertywnie i przekonująco, podkreślając korzyści i przedstawiając konkretne dowody.

Sprzedaż to nie tylko oferowanie produktu lub usługi, ale także przekonywanie klienta do ich zakupu.

Stosując psychologiczne strategie i sztuczki sprzedażowe, takie jak osobista prezentacja, aktywne słuchanie, więź emocjonalna, techniki perswazji i rozwiązywanie obiekcji, można znacznie poprawić skuteczność sprzedaży.

Kilka miesięcy później, z większym doświadczeniem, z większym zrozumieniem tego, na czym stoję i co muszę zrobić. Pamiętam inną rozmowę, podczas której nie przedstawiłem się.

Osoba po drugiej stronie telefonu powiedziała do mnie:
Nie mam czasu.

Na kilka sekund zamarłem.

Ale odpowiedziałem:
¿Na co nie masz czasu?

I powiedział do mnie:
Nie mam czasu na to, jak mnie nazywasz.

To była bardzo trudna rozmowa, ponieważ był to typ klienta, z którym nie można rozmawiać i nie pozwala się mu pracować.

Powiedziałem sarkastycznie:
Co by było, gdybym zadzwonił, aby powiedzieć ci, że masz zgodę na 5 milionów dolarów w swoim banku.
¿Czy nadal nie miałbyś czasu ze mną porozmawiać?

Oboje milczeliśmy przez około 5 sekund.

A on mi odpowiedział:
Masz 30 sekund na wypowiedź.

Szybko wyjaśniłem jego proces i zakończyłem afirmacją:
¿Akceptujesz to, prawda?

I powiedział do mnie:
¡Tak!

Pożegnaliśmy się, życzyłem mu wszystkiego najlepszego i sukcesów i odłożyliśmy słuchawkę. Myślę, że była to jedna z najkrótszych rozmów, jakie odbyłem, gdy byłem brokerem, ale interesujące było to, jak za pomocą kilku słów mogłem zmienić jego obiekcje w okazję.

¡Perswazja!

Perswazja jest kluczowym elementem sprzedaży. Niektóre techniki perswazji obejmują:

Stwórz unikalną propozycję wartości:

Podkreśl swoje mocne strony i wyróżnij się na tle konkurencji. Stwórz unikalną propozycję wartości, która pokazuje, w jaki sposób Twój produkt lub usługa może rozwiązać problemy i zwiększyć wartość dla klientów. Jasno przedstaw korzyści i pokaż, dlaczego powinni wybrać właśnie Ciebie.

Niedobór:

Spraw, aby klient poczuł, że produkt lub usługa są ograniczone lub rzadkie, co czyni je bardziej pożądanymi.

Dowód społeczny:

Jest to potężne narzędzie sprzedaży. Zawiera referencje, recenzje i historie sukcesu od zadowolonych klientów, aby budować zaufanie i wiarygodność w celu poparcia oferty. Walidacja społeczna to skuteczny sposób na przekonanie nowych klientów do podjęcia działań.

Władza:

Musisz sprawić, by druga strona uwierzyła, że nie ma innej osoby na świecie, która wie więcej na temat, który prezentujesz, niż ty.

Ważne jest, aby druga strona czuła się przy tobie pewnie, ponieważ podczas rozmowy jedyną rzeczą, nad którą zastanawia się jej mózg, jest to, dlaczego zamierzam zaufać temu facetowi i dlaczego zamierzam dać mu moje pieniądze.

To są wszystkie sztuczki, klucze i strategie, które dla mnie są najważniejsze podczas sprzedaży, wiem, że różnią się one w zależności od osoby, firmy, ponieważ mają różne strategie osiągania sprzedaży, ale teoretycznie byłaby to podstawa do odniesienia sukcesu w sprzedaży czegoś, zwłaszcza Tobie.

I zgodnie z obietnicą, zamierzam ujawnić ci sekret sukcesu.

Jest jedno słowo, które wiele osób pomija, a jeśli chodzi o mnie, jest to najważniejsze słowo na świecie, to słowo to **Głód**.

I nie mówię o jedzeniu, wiem, że mnie rozumiesz. To powód, dla którego wstajemy każdego dnia, aby chcieć lepszego życia, aby osiągnąć cel, aby zawsze chcieć więcej, **Głód**.

Niektórzy nazywają sekret sukcesu wytrwałością, uporem, skupieniem, zaangażowaniem.

Ma wiele pięknych słów i wszystkie są dobre, nie ma dobrej lub złej odpowiedzi, ale przez całe życie zrozumiałem, że sekret sukcesu jest prostszy niż te wszystkie piękne słowa i podsumowałem go jednym zdaniem, i tak jest:

*"Wyłaź z tego pieprzonego łóżka,
I spraw, żeby coś się wydarzyło."*

WNIOSKI

¡Udało Ci się! Dotarłeś do końca tej książki i mam nadzieję, że znalazłeś inspirację i motywację, której potrzebujesz, aby odnieść sukces w biznesie i życiu.

Na tych stronach omówiłem między innymi znaczenie planowania, wytrwałości, kreatywności, innowacji, zarządzania finansami, skutecznej komunikacji, technologii i etyki biznesowej.

Ale co najważniejsze, zawsze chciałem przekazać ci moje własne doświadczenia i lekcje, których nauczyłem się po drodze.

Nie ma wątpliwości, że ścieżka przedsiębiorczości nie jest łatwa i że napotkamy przeszkody i niepowodzenia, ale zawsze możemy znaleźć sposób na ich pokonanie.

W rzeczywistości uważam, że porażki są okazją do rozwoju i uczenia się na błędach, aby spróbować ponownie i odnieść sukces w następnej próbie.

Pamiętaj, aby zawsze zachować równowagę między życiem osobistym a zawodowym i nie zapominaj, że sukces to nie tylko zarabianie pieniędzy, ale także znajdowanie satysfakcji i szczęścia w tym, co robisz.

Zostawiam cię z tymi ostatnimi słowami rady: bądź odważny i wytrwały, nigdy nie poddawaj się w dążeniu do sukcesu, bądź kreatywny i innowacyjny, trzymaj się swoich wartości i etyki biznesowej i zawsze pamiętaj, że ścieżka przedsiębiorczości to ekscytująca przygoda.

¡Miłej podróży!

W tej książce starał się poruszyć niektóre z najważniejszych i najbardziej istotnych tematów dla przedsiębiorców, którzy chcą osiągnąć sukces w swoim biznesie i życiu.

Mówiłem o pozytywnym nastawieniu, wyznaczaniu jasnych i osiągalnych celów, posiadaniu solidnego biznesplanu oraz podejmowaniu mądrych i strategicznych decyzji.

Mówiłem również o kreatywności, zdolności adaptacji i wytrwałości w osiąganiu celów. W tym sensie podzieliłem się z wami niektórymi przeciwnościami i wyzwaniami, które musiałem pokonać na mojej własnej drodze do sukcesu w biznesie.

Ponadto poruszyłem kluczowe kwestie, takie jak zarządzanie finansami, zarządzanie zasobami ludzkimi, skuteczna komunikacja i etyka biznesowa, które są niezbędne dla każdej firmy, która chce odnieść długoterminowy sukces w coraz bardziej konkurencyjnym i wymagającym świecie.

Wreszcie, na tych ostatnich stronach, chcę powtórzyć, jak ważne jest utrzymanie pozytywnego nastawienia i wyraźne skupienie się na długoterminowych celach.

Chcę również podkreślić, że ważne jest, aby zachować zdrową równowagę między życiem osobistym i zawodowym, ponieważ może to być kluczem do dalszego sukcesu i szczęścia w życiu.

Na drodze do sukcesu przedsiębiorcy zawsze będą pojawiać się przeszkody i wyzwania. Ale dzięki wytrwałości, poświęceniu i strategicznemu podejściu możesz pokonać wszelkie przeciwności i osiągnąć wielkie rzeczy.

Chciałbym zakończyć tę książkę następującą refleksją: nigdy nie przestawaj się uczyć i rozwijać jako osoba i jako przedsiębiorca. Zachowaj otwarty umysł i szukaj nowych możliwości poprawy i rozwoju. Jeśli pozostaniesz skupiony i zaangażowany, sukces i szczęście mogą być twoje.

Mam nadzieję, że przyda ci się to w drodze do sukcesu w biznesie i w życiu.

¡*Życzę wszystkiego najlepszego!*

I pamiętaj...

Wszystko czego potrzebujesz to... ¡Głód Sukcesu!

O AUTORZE

Jack Daniels Chavarria, znany jako **Nelo**, jest dyrektorem generalnym i założycielem największego w Ameryce Łacińskiej holdingu innowacji technologicznych, **Nelo Group**. Pochodzi z Kolumbii, z małego miasteczka Yarumal, położonego w wiejskiej części departamentu Antioquia. Od najmłodszych lat uczył się, jak ważne jest pokonywanie przeciwności losu i snucie wielkich marzeń, motywowany przeciwnościami losu i wyzwaniami, przed którymi stanął w dzieciństwie i okresie dojrzewania. Pomimo braku możliwości zdobycia wyższego wykształcenia, zawsze wyróżniał się wielką kreatywnością i duchem przedsiębiorczości.

Od najmłodszych lat autor interesował się rynkami akcji i empirycznie nauczył się inwestować i zarządzać własnymi pieniędzmi. Z czasem stał się ekspertem w tej dziedzinie i udało mu się osiągnąć znaczne zyski dzięki swojej wizji i umiejętnościom.

Pomimo trudności, jakie napotkał na swojej drodze, autor nigdy nie stracił pasji do biznesu i zawsze szukał nowych możliwości rozwoju i poprawy. Jego duch przedsiębiorczości doprowadził go do założenia kilku odnoszących sukcesy firm w różnych sektorach, co pozwoliło mu zdobyć bogate doświadczenie w świecie biznesu i stać się punktem odniesienia w swojej dziedzinie.

W tej książce autor stara się podzielić swoją wiedzą i doświadczeniami z innymi przedsiębiorcami i ludźmi biznesu, aby zainspirować ich i pomóc im osiągnąć sukces.

www.ingramcontent.com/pod-product-compliance
Lightning Source LLC
Chambersburg PA
CBHW050305230526
45471CB00005B/2030